Impressum
Verlag: BABADADA GmbH, Nedderfeld 112 , 22529 Hamburg
Geschäftsführer / Verlagsleitung: Harald Hof
Druck: Books on Demand GmbH, In de Tarpen 42, 22848 Norderstedt

Imprint
Publisher: BABADADA GmbH, Nedderfeld 112 , 22529 Hamburg, Germany
Managing Director / Publishing direction: Harald Hof
Print: Books on Demand GmbH, In de Tarpen 42, 22848 Norderstedt, Germany

Szkoła

مدرسه

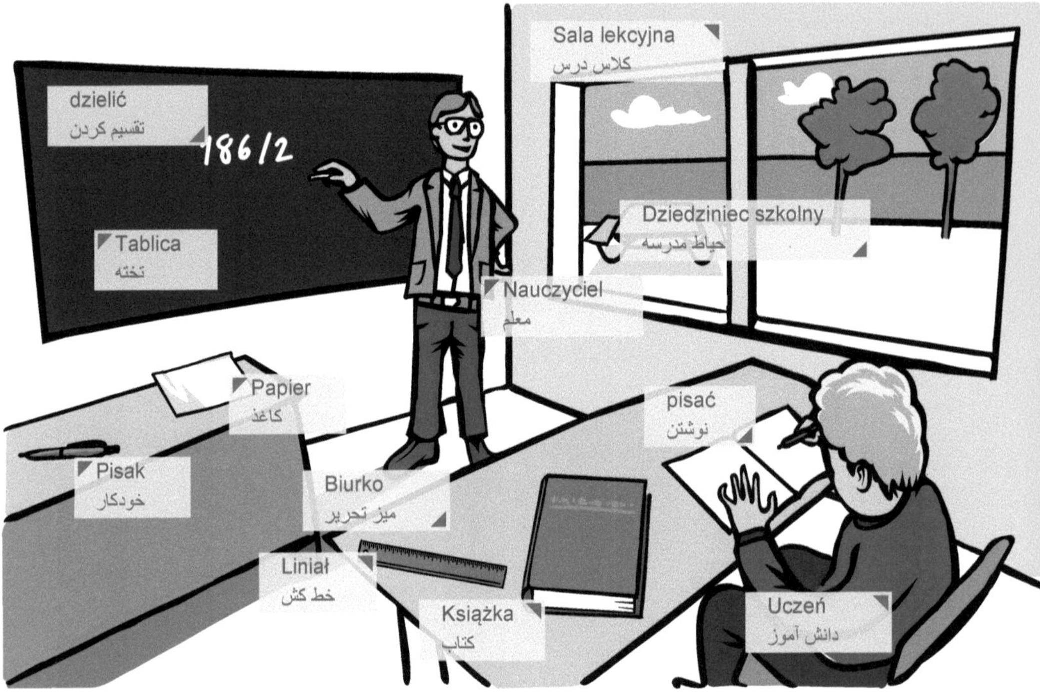
Sala lekcyjna
کلاس درس
dzielić
تقسیم کردن
186/2
Tablica
تخته
Dziedziniec szkolny
حیاط مدرسه
Nauczyciel
معلم
Papier
کاغذ
pisać
نوشتن
Pisak
خودکار
Biurko
میز تحریر
Liniał
خط کش
Książka
کتاب
Uczeń
دانش آموز

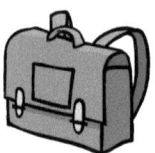

Plecak szkolny

کیف مدرسه

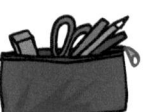

Piórnik

جامدادی

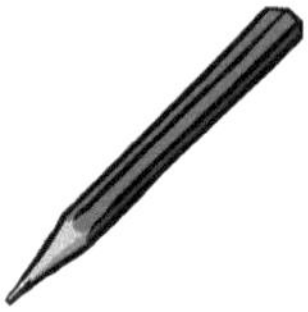

Ołówek

مداد

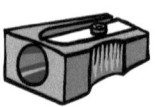

Temperówka

تراش

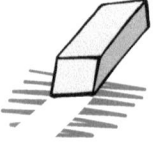

Gumka do mazania

پاک کن

Blok rysunkowy

دفتر رسم

Rysunek

طراحی

Pędzel

قلم مو

Pudełko z akwarelami

جعبه ی آبرنگ

Nożyce

قیچی

Klej

چسب

Książka do ćwiczenia

کتاب تمرین

Zadanie domowe

تکلیف خانه

Liczba

رقم

dodawać

جمع کردن

odejmować

تفریق کردن

mnożyć

ضرب کردن

liczyć

محاسبه کردن

Litera

حرف الفبا

Alfabet

الفبا

Słowo

کلمه

Tekst

متن

czytać

خواندن

Kreda

گچ

Godzina

درس

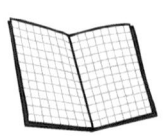

Dziennik lekcyjny

ثبت نام

Egzamin

امتحان

Świadectwo

مدرک رسمی

Mundurek szkolny

لباس مدرسه

Wykształcenie

تحصیلات

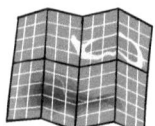

Leksykon

دانشنامه

Uniwersytet

دانشگاه

Mikroskop

میکروسکوپ

Mapa

نقشه

Kosz na odpadki

سبد کاغذ باطله

Podróż
سفر

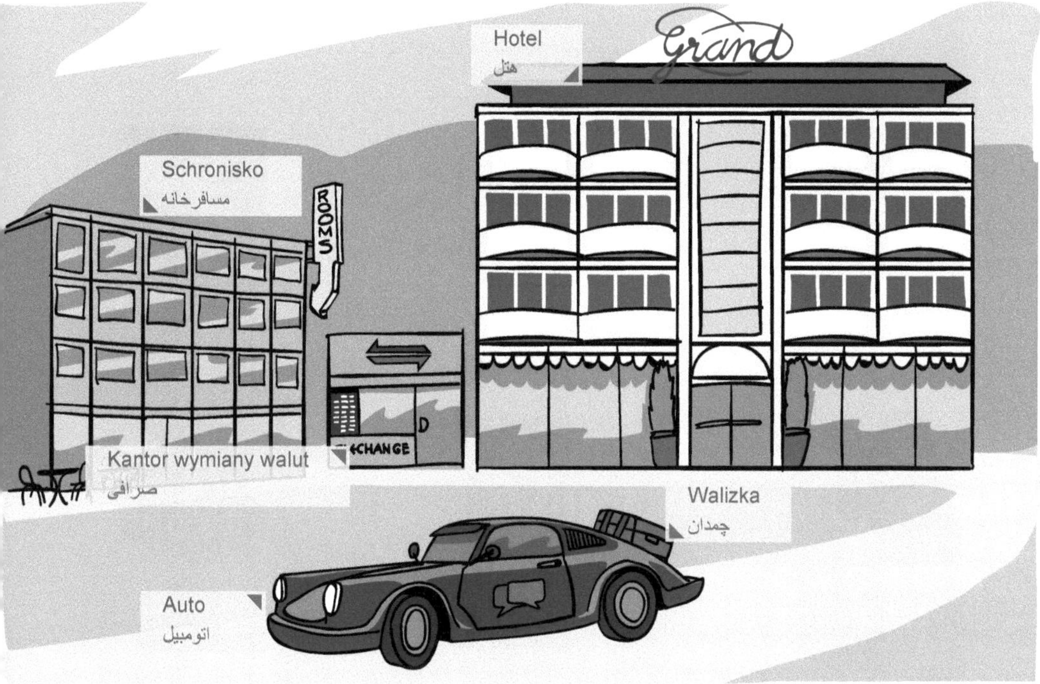

Hotel
هتل
Grand
Schronisko
مسافرخانه
ROOMS
Kantor wymiany walut
صرافی
EXCHANGE
Walizka
چمدان
Auto
اتومبیل

Język
زبان

tak / nie
بله / خیر

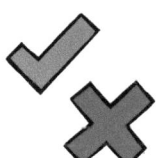

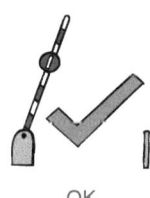

OK
اکی

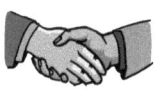

Halo
سلام

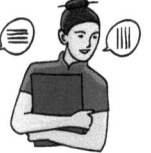

Tłumacz
مترجم

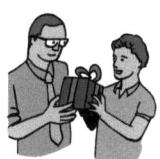

Dziękuję
ممنون

Ile kosztuje ...?

قیمت ... چه قدر است؟

Nie rozumiem

من متوجه نمی شوم

Problem

مشکل

Dobry wieczór!

عصر بخیر! / شب بخیر!

Dzień dobry!

صبح بخیر!

Dobranoc!

شب بخیر!

Do widzenia

خداحافظ

Kierunek

جهت

Bagaż

بار سفر

Torba

کیف

Plecak

کوله پشتی

Gość

مهمان

Pokój

اتاق

Śpiwór

کیسه خواب

Namiot

خیمه

Informacja turystyczna

مرکز راهنمای گردشگران

Plaża

ساحل

Karta kredytowa

کارت اعتباری

Śniadanie

صبحانه

Obiad

نهار

Kolacja

شام

Bilet

بلیط

Winda

آسانسور

Znaczek na list

مهر

Granica

مرز

Cło

گمرک

Ambasada

سفارتخانه

Wiza

ویزا

Paszport

گذرنامه

Transport

حمل و نقل

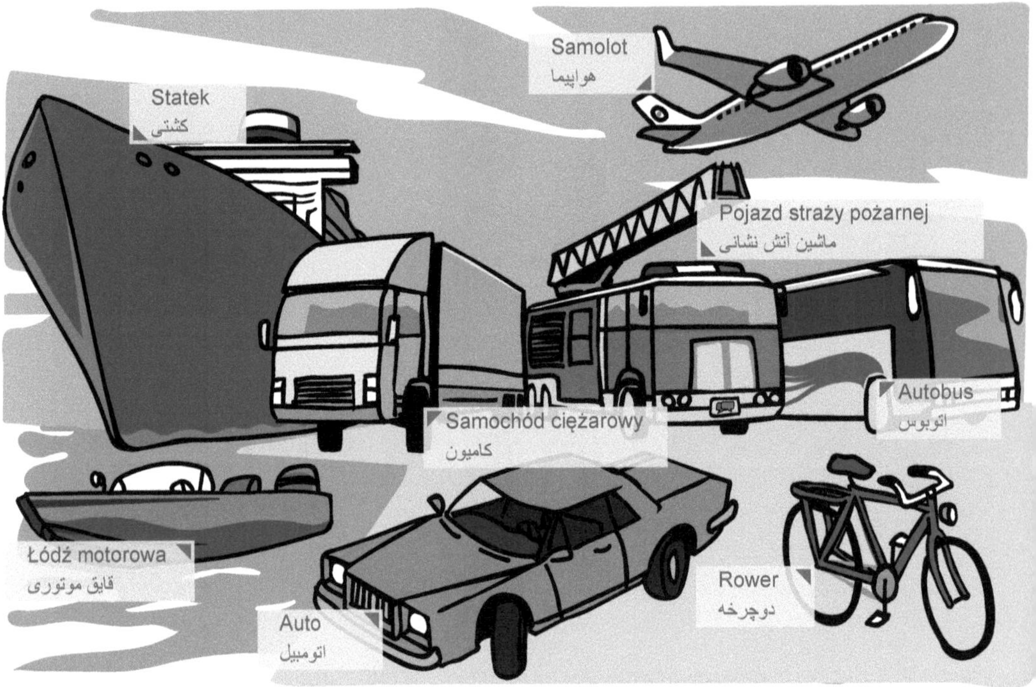

Samolot
هواپیما
Statek
کشتی
Pojazd straży pożarnej
ماشین آتش نشانی
Autobus
اتوبوس
Samochód ciężarowy
کامیون
Łódź motorowa
قایق موتوری
Rower
دوچرخه
Auto
اتومبیل

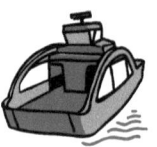

Prom
....
کشتی مسافربری

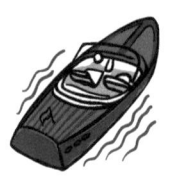

Łódź
....
قایق

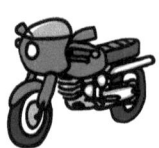

Motocykl
....
موتورسیکلت

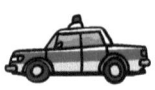

Radiowóz policyjny
....
ماشین پلیس

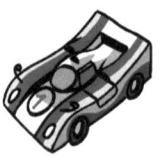

Samochód wyścigowy
....
ماشین مسابقه

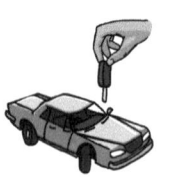

Samochód wypożyczony
....
ماشین کرایه ای

Wspólne przejazdy samochodem

به اشتراک گذاری اتوموبیل

Samochód pomocy drogowej

جرثقیل

Śmieciarka

ماشین حمل زباله

Silnik

موتور

Benzyna

بنزین

Stacja benzynowa

پمپ بنزین

Znak drogowy

تابلو راهنمایی و رانندگی

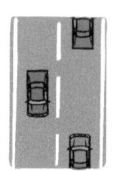

Ruch

عبور و مرور

Korek

ترافیک

Parking

پارکینگ

Dworzec

ایستگاه قطار

Szyny

ریل راه آهن

Pociąg

قطار

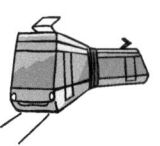

Tramwaj

قطار برقی

Wagon

واگن

Helikopter

هلیکوپتر

Lotnisko

فرودگاه

Wieża

برج

Pasażer

مسافر

Kontener

کانتینر

Karton

کارتن

Taczka

گاری

Kosz

سبد

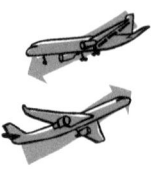

startować / lądować

به پرواز درآمدن / فرود آمدن

Miasto

شهر

Wieś

دهکده

Centrum miasta

مرکز شهر

Dom

خانه

Kino
سینما

Reklama
تبلیغ

Latarnia uliczna
چراغ خیابان

CINEMA

Ulica
خیابان

Taksówka
تاکسی

Pieszy
عابر پیاده

Kiosk
دکه

Chodnik
پیاده رو

Pasy dla pieszych
خط کشی عابر پیاده

Skrzyżowanie
چهارراه

Kubeł na śmieci
سطل آشغال بزرگ

Lampa
چراغ راهنما

Chata
کلبه

Mieszkanie
آپارتمان

Dworzec
ایستگاه قطار

Ratusz
ساختمان شهرداری

Muzeum
موزه

Szkoła
مدرسه

Uniwersytet

دانشگاه

Bank

بانک

Szpital

بیمارستان

Hotel

هتل

Apteka

داروخانه

Biuro

اداره

Księgarnia

کتابفروشی

Sklep

مغازه

Kwiaciarnia

گل فروشی

Supermarket

سوپرمارکت

Rynek

بازار

Dom towarowy

فروشگاه بزرگ

Sklep z rybami

ماهی فروش

Centrum handlowe

مرکز خرید

Port

بندر

Park

پارک

Ławka

نیمکت

Most

پل

Schody

پله

Metro

مترو

Tunel

تونل

Przystanek autobusowy

ایستگاه اتوبوس

Bar

میخانه

Restauracja

رستوران

Skrzynka na listy

صندوق پست

Tabliczka z nazwą ulicy

تابلوی خیابان

Parkometr

دستگاه پارکومتر

Zoo

باغ وحش

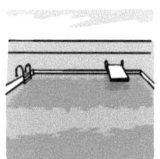

Łaźnia

استخر شنای عمومی

Meczet

مسجد

Gospodarstwo chłopskie

مزرعه

Zanieczyszczenie środowiska

آلودگی محیط زیست

Cmentarz

قبرستان

Kościół

کلیسا

Plac zabaw

زمین بازی

Świątynia

معبد

Krajobraz

چشم انداز

Liść
برگ

Drogowskaz
تابلوی راهنمای مسیر

Droga
راه

Łąka
چمنزار

Kamień
سنگ

Drzewo
درخت

Wędrowiec
راه نورد

Rzeka
رودخانه

Trawa
چمن

Kwiat
گل

Dolina

دره

Góra

تپه

Jezioro

دریاچه

Las

جنگل

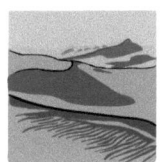

Pustynia

بیابان

Wulkan

کوه آتشفشان

Zamek

قلعه

Tęcza

رنگین کمان

Grzyb

قارچ

Palma

درخت نخل

Komar

پشه

Mucha

مگس

Mrówka

مورچه

Pszczoła

زنبور

Pająk

عنکبوت

Chrząszcz

سوسک

Żaba

قورباغه

Wiewiórka

سنجاب

Jeż

جوجه تیغی

Zając

خرگوش صحرایی

Sowa

جغد

Ptak

پرنده

Łabędź

قو

Dzik

گراز

Jeleń

گوزن نر

Łoś

گوزن شمالی

Tama

سد آب

Wiatrak

توربین بادی

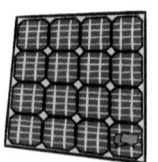

Moduł solarny

صفحه ی خورشیدی

Klimat

آب و هوا

Restauracja

رستوران

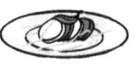

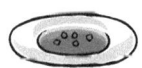

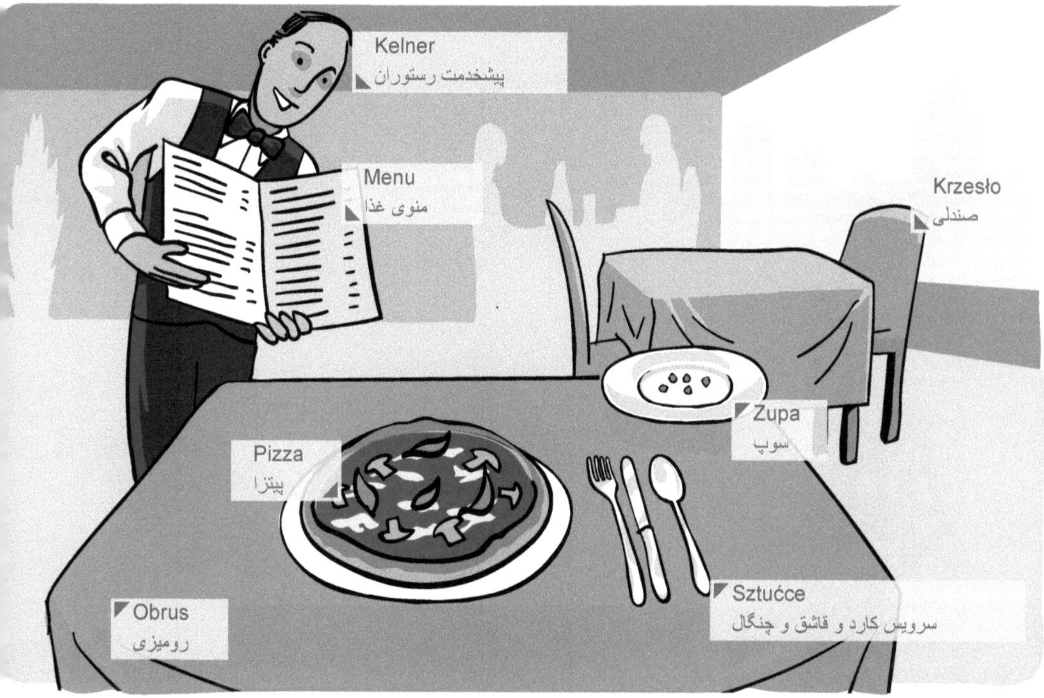
Kelner
پیشخدمت رستوران
Menu
منوی غذا
Krzesło
صندلی
Zupa
سوپ
Pizza
پیتزا
Obrus
رومیزی
Sztućce
سرویس کارد و قاشق و چنگال

Przystawka

پیش‌غذا

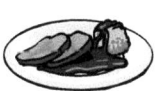

Danie główne

غذای اصلی

Deser

دسر

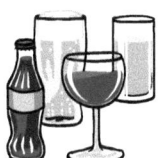

Napoje

نوشیدنی ها

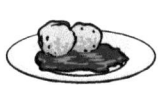

Jedzenie

غذا

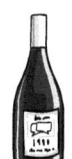

Butelka

بطری

Fastfood

فست فود

Streetfood

اغذیه خیابانی

Dzbanek na herbatę

قوری

Cukierniczka

قندان

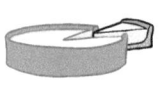

Porcja

پُرس غذا

Zaparzarka do espresso

دستگاه اسپرسو

Krzesło dla dziecka

صندلی پایه بلند غذاخوری بچه

Rachunek

صورتحساب

Taca

سینی

Noż

چاقو

Widelec

چنگال

Łyżka

قاشق

Łyżeczka

قاشق چایخوری

Serwetka

دستمال سفره

Szklanka

لیوان

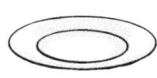

Talerz

بشقاب

Talerz do zupy

بشقاب سوپخوری

Podstawek pod filiżankę

نعلبکی

Sos

سس

Solniczka

نمکدان

Młynek do pieprzu

فلفل ساب

Ocet

سرکه

Olej

روغن خوراکی

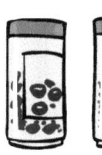

Przyprawy

ادویه جات

Keczup

سس کچاپ

Musztarda

سس خردل

Majonez

سس مایونز

Supermarket
سوپرمارکت

Oferta
پیشنهاد ویژه
FOR
Klient
مشتری
Produkty mleczne
لبنیات
Owoce
میوه جات
Wózek sklepowy
چرخ دستی خرید

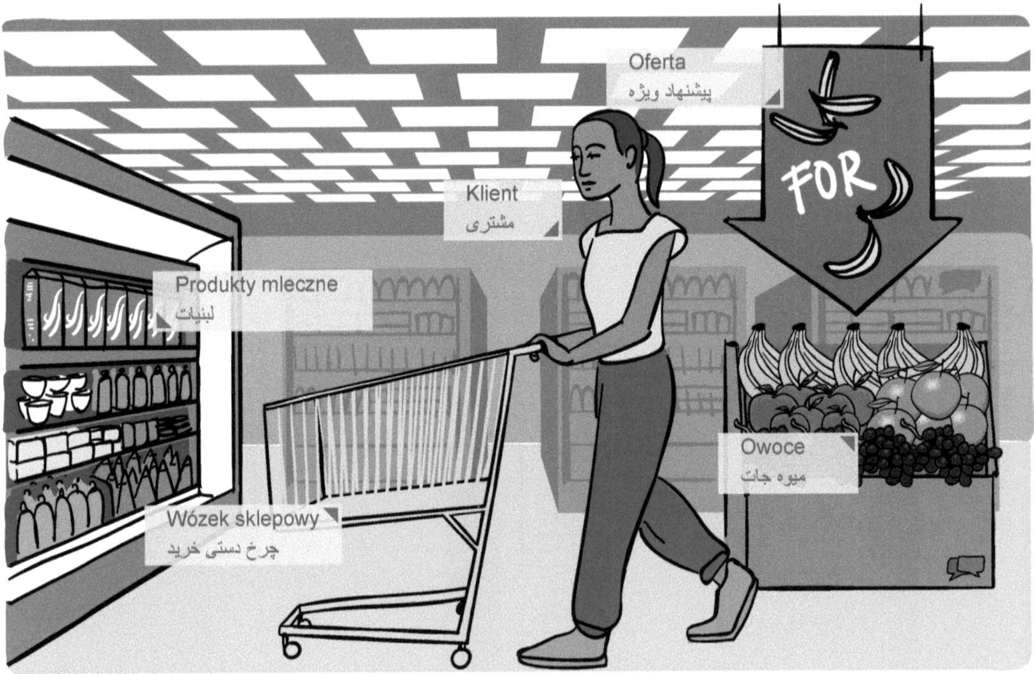

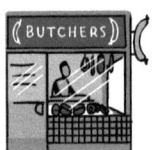

BUTCHERS

Rzeźnia
قصابی

BAKERY

Piekarnia
نانوایی

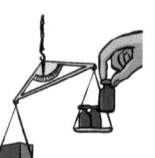

ważyć
وزن کردن

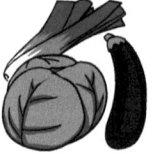

Warzywa
سبزیجات

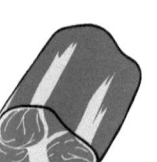

Mięso
گوشت

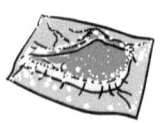

Mrożonki
غذای منجمد

Wędliny

مخلوطی از انواع کالباس یا پنیر که
ورقه ای بریده شده باشند

Konserwy

غذای کنسروی

Proszek m do prania

پودر لباسشویی

Słodycze

شیرینی جات

Artykuły użytku domowego

لوازم خانگی

Środek czyszczący

ماده شوینده و پاک کننده

Sprzedawczyni

فروشنده

Kasa

صندوق پرداخت

Kasjer

صندوقدار

Lista zakupów

لیست خرید

Godziny otwarcia

ساعات کار

Portfel

کیف پول

Karta kredytowa

کارت اعتباری

Torba

کیف

Torebka plastikowa

کیسه ی پلاستیکی

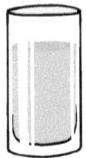

Woda

آب

Sok

آبمیوه

Mleko

شیر

Cola

نوشابه کوکاکولا

Wino

شراب

Piwo

آبجو

Alkohol

الکل

Kakao

کاکائو

Herbata

چای

Kawa

قهوه

Espresso

قهوه اسپرسو

Cappuccino

کاپوچینو

Banan

موز

Jabłko

سيب

Pomarańcza

پرتقال

Arbuz

انواع هندوانه و خربزه

Cytryna

ليمو

Marchew

هويج

Czosnek

سير

Bambus

نى بامبو

Cebula

پياز

Grzyb

قارچ

Orzechy

آجيل

Makaron

ماكارونى

Spaghetti
اسپاگتی

Ryż
برنج

Sałatka
سالاد

Frytki
سیب زمینی سرخ کرده

Ziemniaki pieczone
سیب زمینی سرخ شده

Pizza
پیتزا

Hamburger
همبرگر

Kanapka
ساندویچ

Sznycel
شنیتسل

Szynka
ژامبون خوک

Salami
سالامی

Kiełbasa
سوسیس

Kura
مرغ

Pieczeń
نوعی گوشت سرخ شده

Ryba
ماهی

Płatki owsiane

جوی پرک شده

Musli

نوعی صبحانه مخلوطی از برگه ذرت و میوه های خشک شده و خشکبار که معمولا با شیر خورده می شود

Płatki kukurydziane

کورنفلکس

Mąka

آرد

Croissant

کرواسان

Bułka

نان بروتشن

Chleb

نان

Toast

نان تست

Ciastka

بیسکویت

Masło

کره

Twarożek

کشک

Ciasto

کیک

Jajko

تخم مرغ

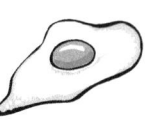

Jajko sadzone

تخم مرغ نیمرو

Ser

پنیر

Lody

بستنی

Cukier

شکر

Miód

عسل

Marmolada

مربا

Krem nugatowy

کرم شکلاتی بادامی

Curry

ادویه کاری

Gospodarstwo chłopskie

مزرعه

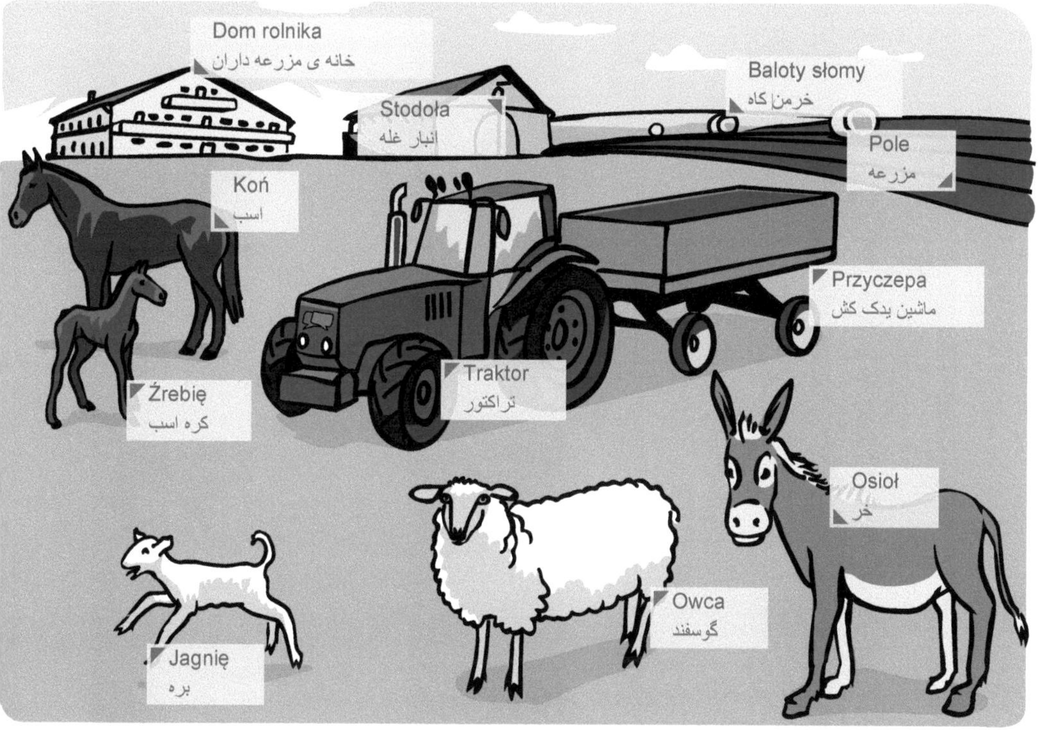
Dom rolnika
خانه ی مزرعه داران
Stodoła
انبار غله
Baloty słomy
خرمن گاه
Pole
مزرعه
Koń
اسب
Przyczepa
ماشین یدک کش
Traktor
تراکتور
Źrebię
کره اسب
Osioł
خر
Owca
گوسفند
Jagnię
بره

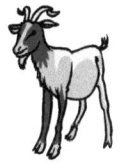

Koza
....
بز

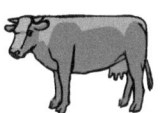

Krowa
....
گاو ماده

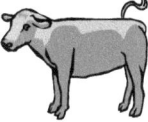

Cielę
....
گوساله

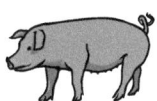

Świnia
....
خوک

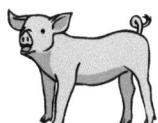

Prosię
....
بچه خوک

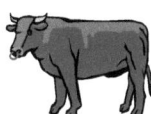

Byk
....
گاو نر

Gęś

غاز

Kaczka

اردک

Kurczątko

جوجه

Kura

مرغ

Kogut

خروس

Szczur

موش صحرایی

Kot

گربه

Mysz

موش

Osioł

گاو نر اخته

Pies

سگ

Buda dla psa

لانه ی سگ

Wąż ogrodowy

شلنگ باغبانی

Konewka

آبپاش

Kosa

داس دسته بلند

Pług

گاوآهن

Sierp

داس

Graca

کج بیل

Widły

چنگک باغبانی

Siekiera

تبر

Taczka

فرقون

Koryto

آبشخور

Kanka na mleko

بطری نگهداری شیر

Worek

کیسه

Płot

حصار

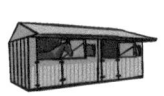

Stajnia

اصطبل

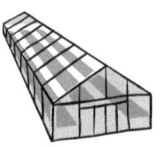

Szklarnia

گلخانه

Ziemia

خاک

Nasiona

بذر

Nawóz

کود

Kombajn zbożowy

ماشین کمباین

zbierać

برداشت کردن محصول

Żniwa

محصول

Podchrzyn

تمیس

Pszenica

گندم

Soja

سویا

Ziemniak

سیب زمینی

Kukurydza

ذرت

Rzepak

کلزا

Drzewo owocowe

درخت میوه

Maniok

گیاه مانیوک

Zboże

غلات

Dom
خانه

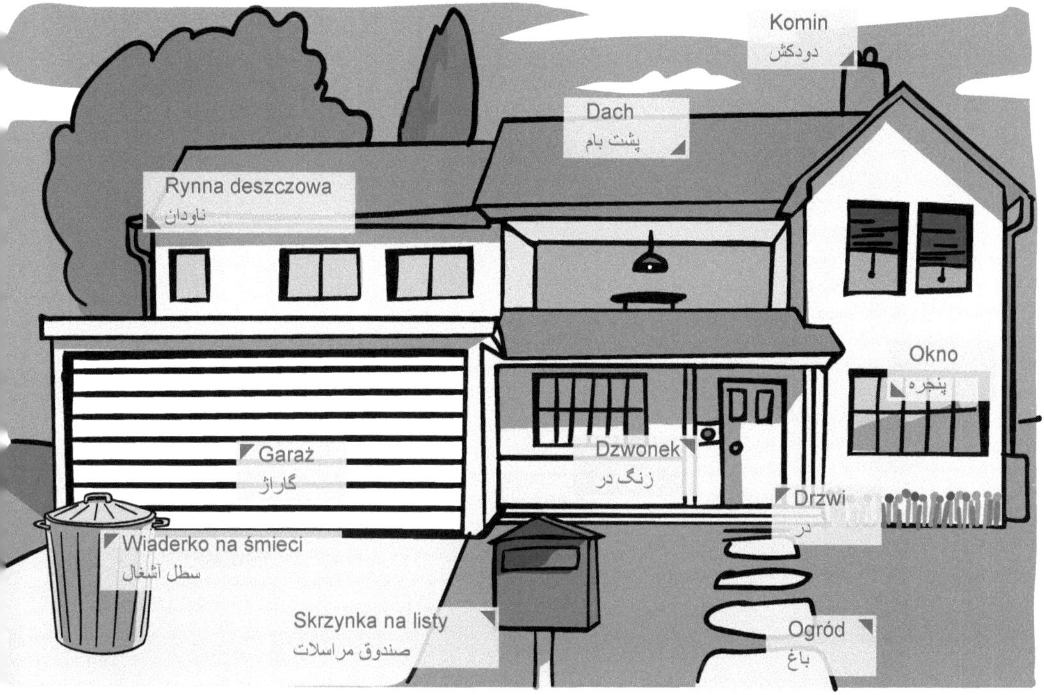
Komin
دودکش
Dach
پشت بام
Rynna deszczowa
ناودان
Okno
پنجره
Garaż
گاراژ
Dzwonek
زنگ در
Drzwi
در
Wiaderko na śmieci
سطل آشغال
Skrzynka na listy
صندوق مراسلات
Ogród
باغ

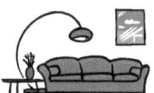

Pokój dzienny
اتاق نشیمن

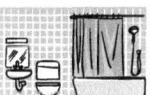

Łazienka
حمام

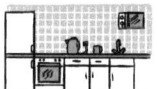

Kuchnia
آشپزخانه

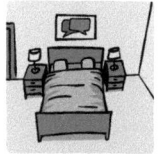

Sypialnia
اتاق خواب

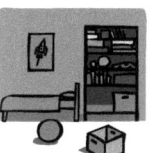

Pokój dziecięcy
اتاق بچه

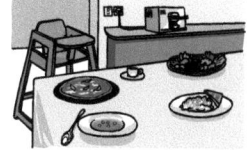

Jadalnia
ناهارخوری

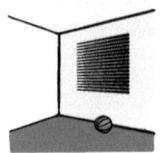

Ziemia

کف زمین

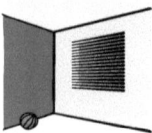

Ściana

دیوار

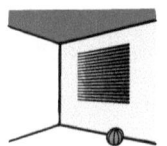

Koc

سقف

Piwnica

زیرزمین

Sauna

سونا

Balkon

بالکن

Taras

تراس

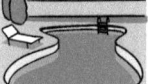

Basen

استخر

Kosiarka do trawy

ماشین چمن‌زنی

Poszwa

ملافه

Kołdra

روتختی

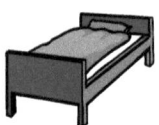

Łóżko

تخت خواب

Miotła

جارو

Wiadro

سطل

Włącznik

سویچ یا کلید

Pokój dzienny

اتاق نشیمن

Tapeta
کاغذ دیواری
Obraz
عکس
Lampa
لامپ
Regał
قفسه
Szafa
کابینت
Telewizor
تلویزیون
Komin
شومینه
Kwiat
گل
Poduszka
کوسن
Kanapa
کاناپه
Wazon
گلدان
Pilot
کنترل تلویزیون و ویدئو و غیره

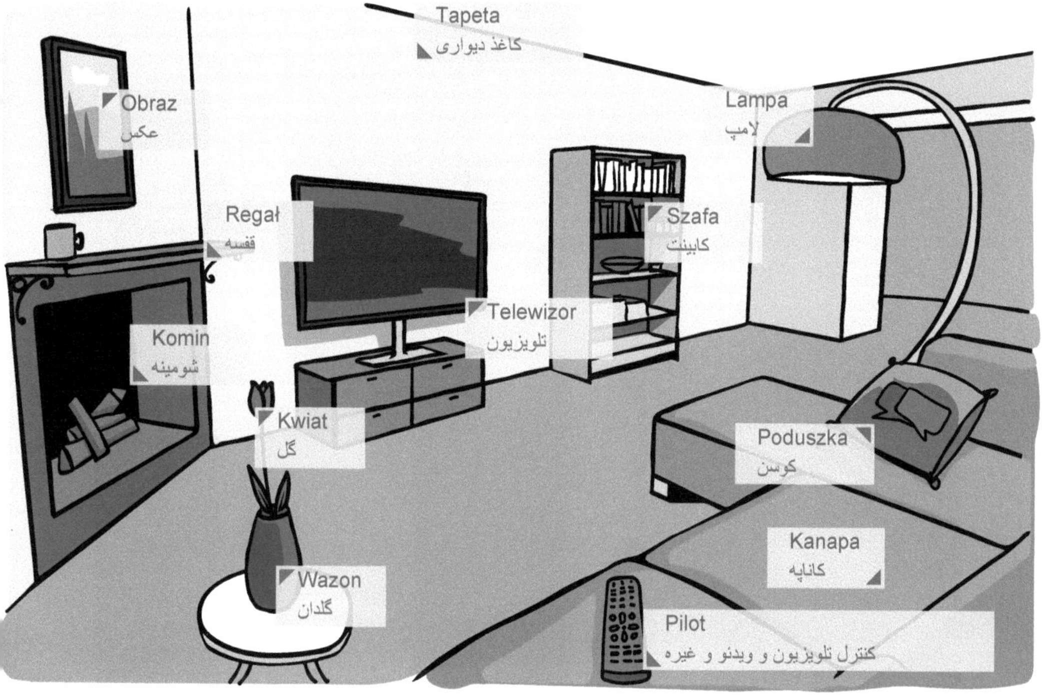

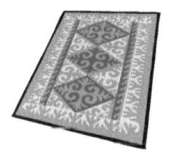

Dywan

فرش

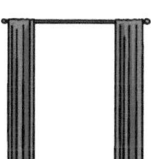

Zasłona

پرده

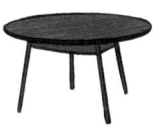

Stół

میز

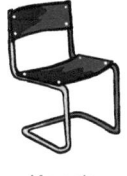

Krzesło

صندلی

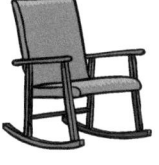

Bujak

صندلی گهواره ایی

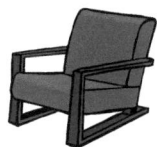

Fotel

صندلی راحتی

Książka

كتاب

Sufit

لحاف

Dekoracja

دكوراسيون

Drewno kominkowe

هيزم

Film

فيلم

Instalacja stereo

دستگاه ضبط صوت

Klucz

كليد

Gazeta

روزنامه

Malunek

تابلو نقاشى

Plakat

پوستر

Radio

راديو

Notatnik

دفترچه يادداشت

Odkurzacz

جاروبرقى

Kaktus

كاكتوس

Świeczka

شمع

Kuchnia
آشپزخانه

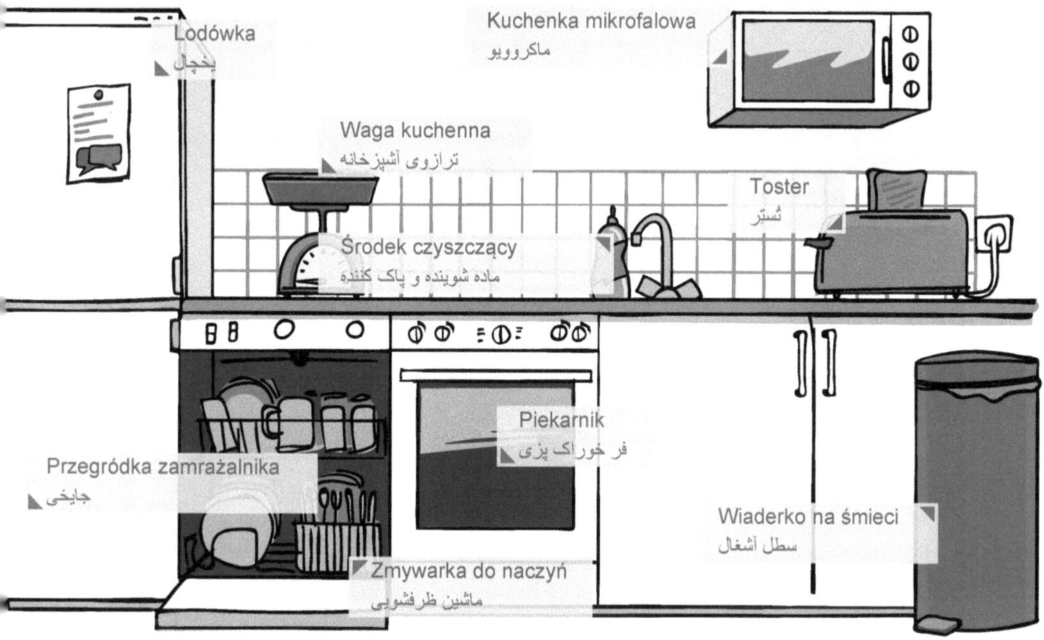
Lodówka
یخچال
Kuchenka mikrofalowa
ماکروویو
Waga kuchenna
ترازوی آشپزخانه
Toster
تُستر
Środek czyszczący
ماده شوینده و پاک کننده
Piekarnik
فر خوراک پزی
Przegródka zamrażalnika
جایخی
Wiaderko na śmieci
سطل آشغال
Zmywarka do naczyń
ماشین ظرفشویی

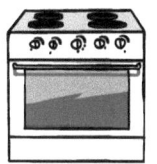

Kuchenka
اجاق گاز

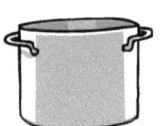

Garnek
قابلمه

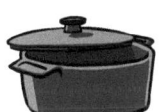

Kocioł żeliwny
قابلمه چدنی

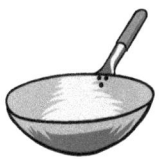

Wok / Kadai
ماهی تابه گود

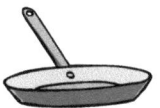

Patelnia
ماهی تابه

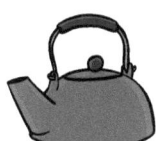

Czajnik
کتری

Parowar

بخارپز

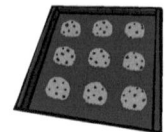

Blacha do pieczenia

سینی فر

Naczynia kuchenne

ظرف چینی آشپزخانه

Kubek

لیوان

Miska

کاسه

Pałeczki

چاپستیک

Nabierka

ملاقه

Łopatka do smażenia

کفگیر

Trzepaczka do śmietany

همزن

Cedzak

آبکش

Sitko

آبکش

Tarka

رنده

Moździerz

هاون

Grillowanie

باربیکیو

Palenisko

محل مخصوص افروختن آتش

Deska

تخته گوشت و سبزی

Wałek do ciasta

وردنه

Korkociąg

در بطری بازکن

Puszka

قوطی

Otwieracz do puszek

در قوطی بازکن

Ściereczka do trzymania garnka

دستگیره پارچه ای

Umywalka

سینک ظرفشویی

Szczotka

برس گردگیری

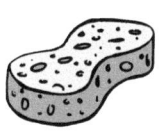

Gąbka

اسفنج

Mıkser

مخلوط کن

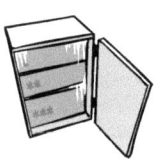

Zamrażarka

فریزر

Butelka dla niemowlęcia

شیشه شیر بچه

Kran

شیر آب

Łazienka

حمام

Prysznic
دوش
Ogrzewanie
بخاری
Ręcznik
حوله
Kotara prysznicowa
پرده ی حمام
Płyn do kąpieli
کف حمام
Wanna kąpielowa
وان حمام
Szklanka
لیوان
Pralka
ماشین لباسشویی
Kran
شیر آب
Kafelki
کاشی
Nocnik
لگن دستشویی کودکان
Umywalka
سینک ظرفشویی

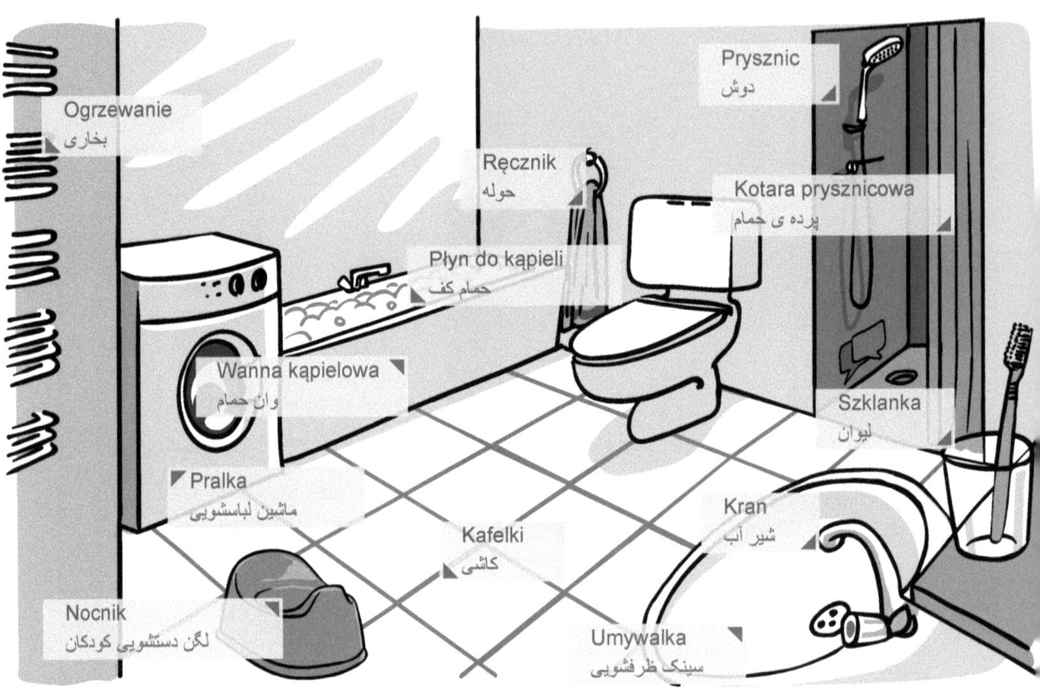

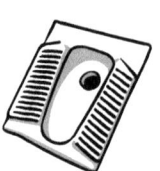

Toaleta

توالت

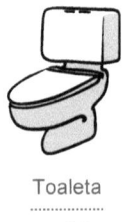

Toaleta kuczna

توالت ایرانی

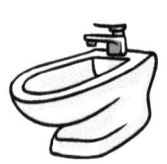

Bidet

کاسه توالت

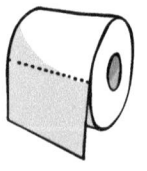

Pisuar

توالت مخصوص آقایان

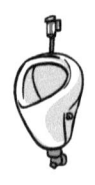

Papier toaletowy

دستمال توالت

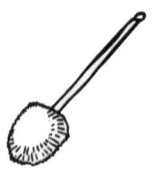

Szczotka toaletowa

فرچه توالت

Szczoteczka do zębów

مسواک

Pasta do zębów

خمیردندان

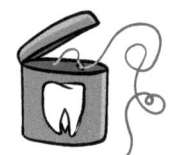

Nitki do czyszczenia zębów

نخ دندان

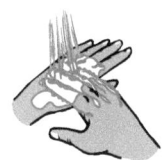

myć

شستن

Głowica prysznicowa

دوش آب تلفنی

Płyn kąpielowy do higieny intymnej

شلنگ توالت

Miska do mycia

لگن روشویی

Szczotka kąpielowa

برس شست و شوی پشت

Mydło

صابون

Żel prysznicowy

شامپو بدن

Szampon

شامپو

Rękawica kąpielowa

لیف حمام

Odpływ

راه آب

Krem

کرم

Dezodorant

اسپری دئودورانت

Lustro

آیینه

Lustro kosmetyczne

آیینه ی کوچک دستی

Golarka

تیغ ریش تراشی

Pianka do golenia

کف ریش‌تراشی

Woda po goleniu

افترشیو

Grzebień

شانه ی سر

Szczotka

برس

Suszarka do włosów

سشوار

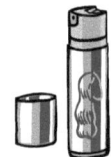

Spray do włosów

اسپری مو

Makijaż

آرایش

Pomadka

رژلب

Lakier do paznokci

لاک ناخن

Wata

پنبه

Nożyczki do paznokci

قیچی ناخن

Perfum

عطر

Kosmetyczka

کیف لوازم آرایشی و بهداشتی

Taboret

چهارپایه

Waga

ترازو

Szlafrok kąpielowy

حوله ی پالتویی

Rękawice gumowe

دستکش ظرفشویی

Tampon

تامپون

Podpaska damska

نوار بهداشتی

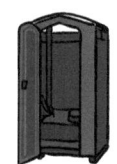

Toaleta chemiczna

توالت سیار

Pokój dziecięcy

اتاق بچه

Budzik
ساعت زنگدار
Pluszowa przytulanka
نوعی عروسک نرم به شکل حیوانات
Samochodzik
ماشین اسباب بازی
Grzechotka
جغجغه
Domek dla lalek
خانه ی عروسکی
Prezent
کادو

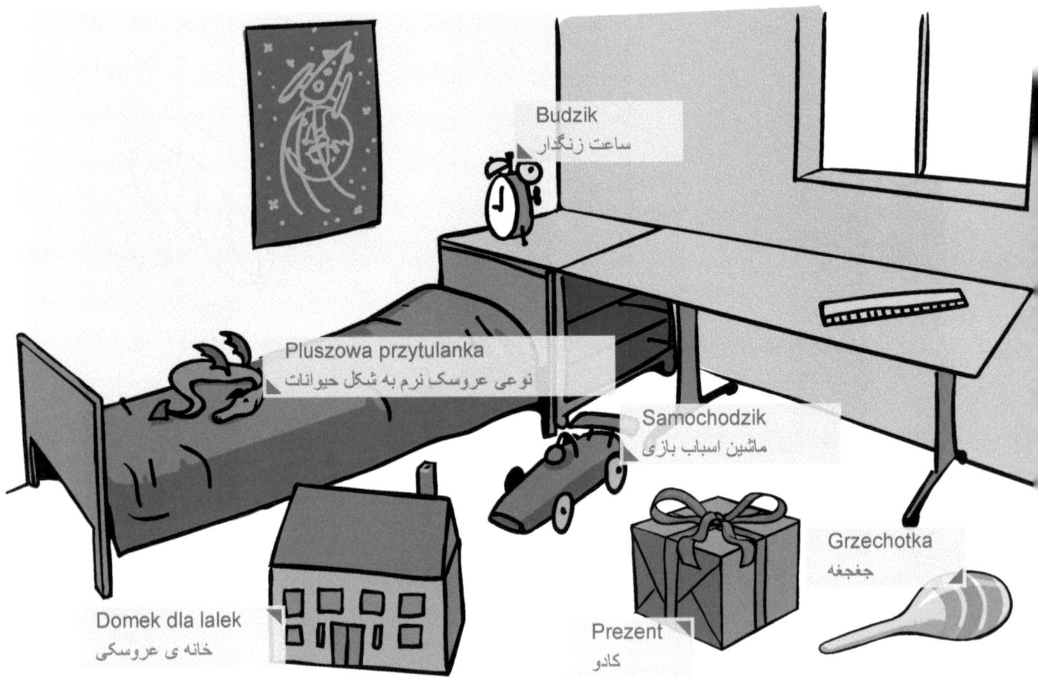

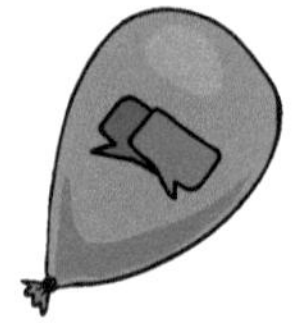

Balon
بادکنک

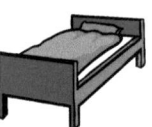

Łóżko
تخت خواب

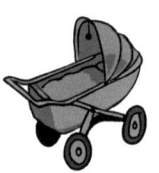

Wózek dziecięcy
کالسکه بچه

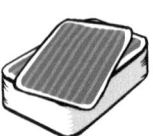

Gra w karty
بازی ورق

Puzzle
پازل

SUPER
MEGA

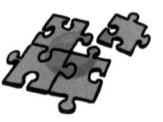

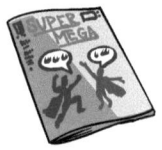

Komiks
داستان مصور

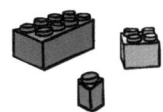

Klocki lego

اسباب بازی لگو

Klocki

خانه سازی

Action figura

عروسک شخصیت های فیلم و کارتون

Śpioszek dziecięcy

لباس نوزاد

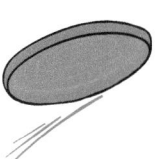

Frisbee

فریزبی

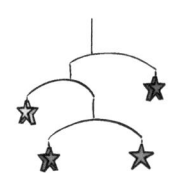

Zabawki ruchome

نوعی اسباب بازی که روی تخت نوزاد
یا کودک نصب می شود

Gra planszowa

بازی روی صفحه

Kości

تاس

Kolejka elektryczna

قطار اسباب بازی

Smoczek

پستانک

Przyjęcie

مهمانی

Książka z ilustracjami

کتاب مصور

Piłka

توپ

Lalka

عروسک

bawić się

بازی کردن

Piaskownica

جعبه شنی مخصوص بازی کودکان

Huśtawka

تاب

Zabawki

اسباب بازی

Konsola do gier

کنسول بازی های کامپیوتری

Rowerek trójkołowy

سه چرخه

Pluszowy miś

خرس عروسکی

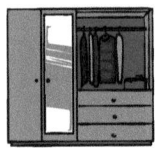

Szafa ubraniowa

کمد لباس

Ubiór

لباس

Skarpety

جوراب

Pończochy

جوراب زنانه ساق بلند

Rajstopy

جوراب شلواری

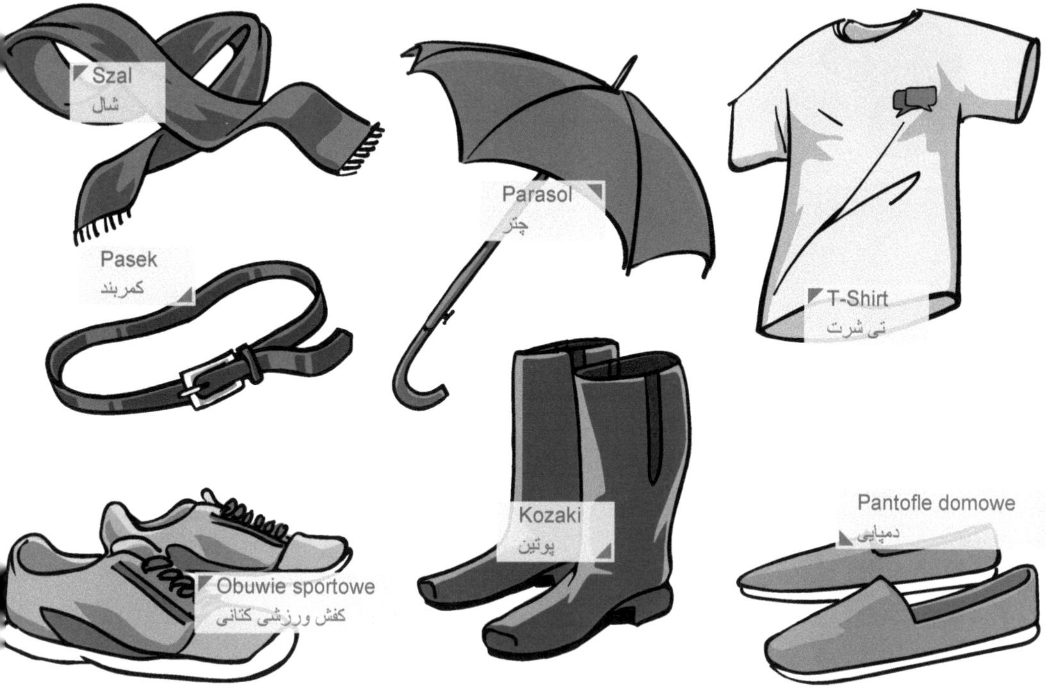

Szal
شال

Parasol
چتر

T-Shirt
تی شرت

Pasek
کمربند

Kozaki
پوتین

Pantofle domowe
دمپایی

Obuwie sportowe
کفش ورزشی کتانی

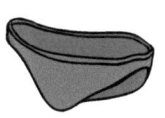

Sandały

صندل

Buty

کفش

Kalosze

چکمه پلاستیکی

Majtki

شرت

Biustonosz

سوتین

Podkoszulek

جلیقه

x

Body

بادی

Spodnie

شلوار

Dżins

جین

Spódnica

دامن

Bluzka

بلوز

Koszula

پیراهن

Pulower

پولیور

Bluza sportowa

سویی شرت

Marynarka

نوعی کت

Kurtka

ژاکت

Płaszcz

کت بلند

Płaszcz przeciwdeszczowy

بارانی

Kostium

لباس نمایش

Sukienka

لباس

Suknia ślubna

لباس عروس

Garnitur męski

کت و شلوار

Koszula nocna

لباس خواب زنانه

Piżama

پیژامه

Sari

ساری

Chusta na głowę

روسری

Turban

عمامه

Burka

برقع

Kaftan

قبا

Abaya

عبا

Strój kąpielowy

لباس شنا

Kąpielówki

شرت شنا

Krótkie spodnie

شلوارک

Dres sportowy

لباس ورزشی

Fartuch

پیشبند

Rękawiczki

دستکش

Guzik

دكمه

Okulary

عینک

Bransoletka

دستبند

Łańcuszek

گردنبند

Pierścionek

انگشتر

Kolczyk

گوشواره

Czapka

کلاه لبه دار

Wieszak

چوب لباسی

Kapelusz

کلاه

Krawat

کراوات

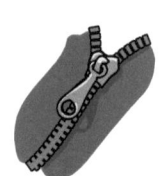

Zamek błyskawiczny

زیپ

Kask

کلاه ایمنی

Szelki

بند شلوار

Mundurek szkolny

لباس مدرسه

Mundur

لباس فرم

Śliniaczek

پیش بند بچه

Smoczek

پستانک

Pieluszka

پوشک بچه

Biuro

اداره

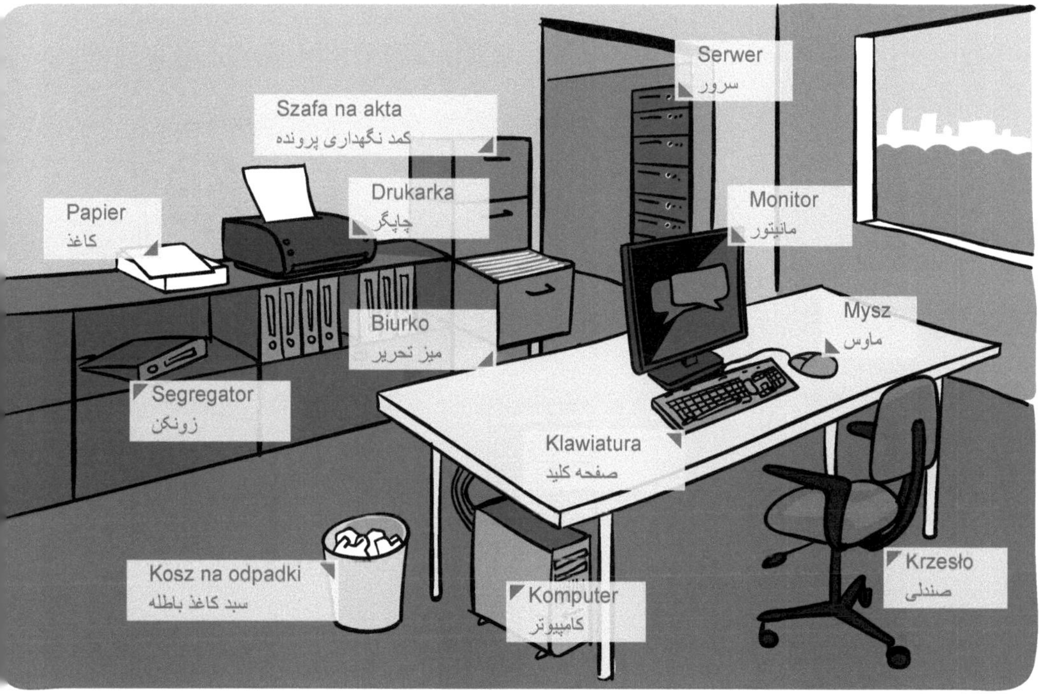

Serwer
سرور

Szafa na akta
کمد نگهداری پرونده

Drukarka
چاپگر

Papier
کاغذ

Monitor
مانیتور

Biurko
میز تحریر

Mysz
ماوس

Segregator
زونکن

Klawiatura
صفحه کلید

Kosz na odpadki
سبد کاغذ باطله

Komputer
کامپیوتر

Krzesło
صندلی

Filiżanka do kawy

لیوان قهوه

Kalkulator

ماشین حساب

Internet

اینترنت

Laptop

لپ تاپ

List

نامه

Wiadomość

پیغام

Komórka

تلفن همراه

Sieć

شبکه ی ارتباطی

Kopiarka

دستگاه فتوکپی

Oprogramowanie

نرم افزار

Telefon

تلفن

Gniazdko

پریز

Faks

دستگاه فاکس

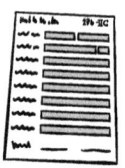

Formularz

فرم

Dokument

مدرک

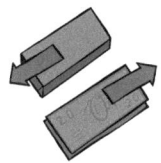

kupić

خریدن

płacić

پرداخت کردن

postępować

تجارت کردن

Pieniądze

پول

Dolar

دلار

Euro

یورو

Jen

ین

Rubel

روبل

Frank

فرانک سوئیس

Juan Renminbi

یوان رنمینبی

Rupia

روپیه

Bankomat

دستگاه خودپرداز

Kantor wymiany walut

صرافی

Złoto

طلا

Srebro

نقره

Olej

نفت

Energia

انرژی

Cena

قیمت

Umowa

قرارداد

Podatek

مالیات

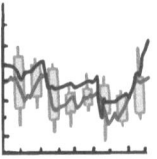

Akcja

سهام سرمایه

pracować

کار کردن

Pracownik umysłowy

کارمند

Pracodawca

کارفرما

Fabryka

کارخانه

Sklep

مغازه

Zawody

مشاغل

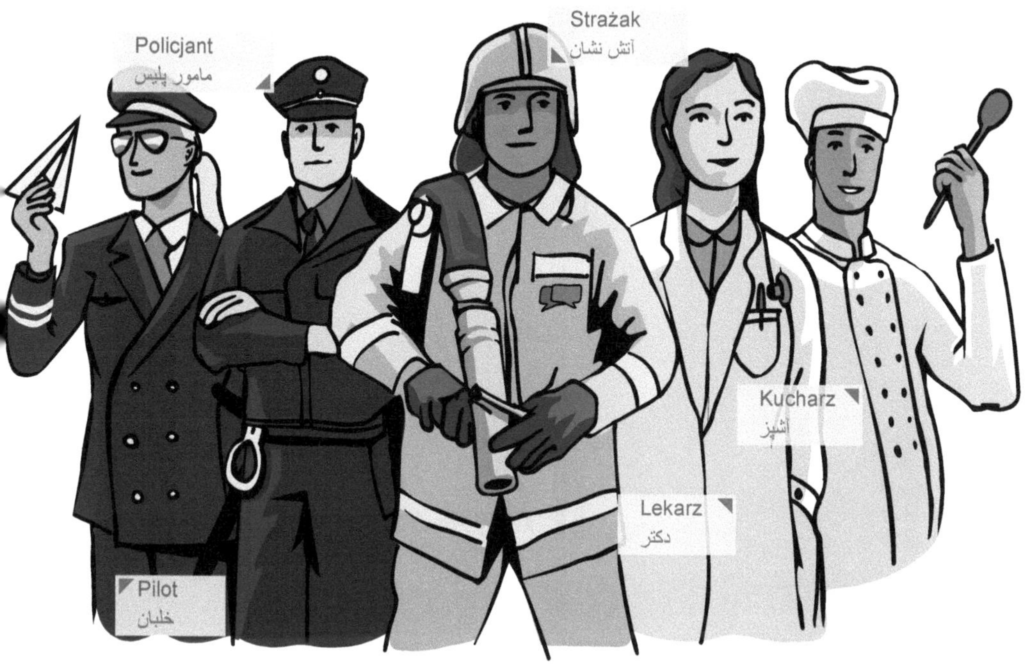
Policjant
مامور پلیس
Strażak
آتش نشان
Kucharz
آشپز
Lekarz
دکتر
Pilot
خلبان

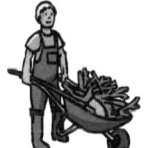

Ogrodnik

باغبان

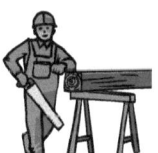

Stolarz

نجار

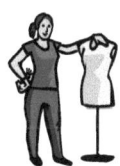

Krawcowa

خیاط زنانه

Sędzia

قاضی

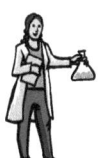

Chemik

شیمیدان

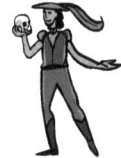

Aktor

بازیگر

Kierowca autobusu

راننده اتوبوس

Taksówkarz

راننده تاکسی

Fischer

ماهیگیر

Sprzątaczka

نظافتچی زن

Dekarz

سقف ساز

Kelner

پیشخدمت رستوران

Myśliwy

شکارچی

Malarz

نقاش

Piekarz

نانوا

Elektryk

برقکار

Robotnik budowlany

کارگر ساختمانی

Inżynier

مهندس

Rzeźnik

قصاب

Instalator

لوله کش

Listonosz

پستچی

Żołnierz

سرباز

Architekt

معمار

Kasjer

صندوقدار

Florysta

گل فروش

Fryzjer

آرایشگر

Konduktor

مامور کنترل بلیط در قطار

Mechanik

مکانیک

Kapitan

ناخدا

Dentysta

دندانپزشک

Naukowiec

دانشمند

Rabin

عالم یهودی

Imam

امام

Mnich

راهب

Proboszcz

کشیش

Narzędzia

ابزارآلات

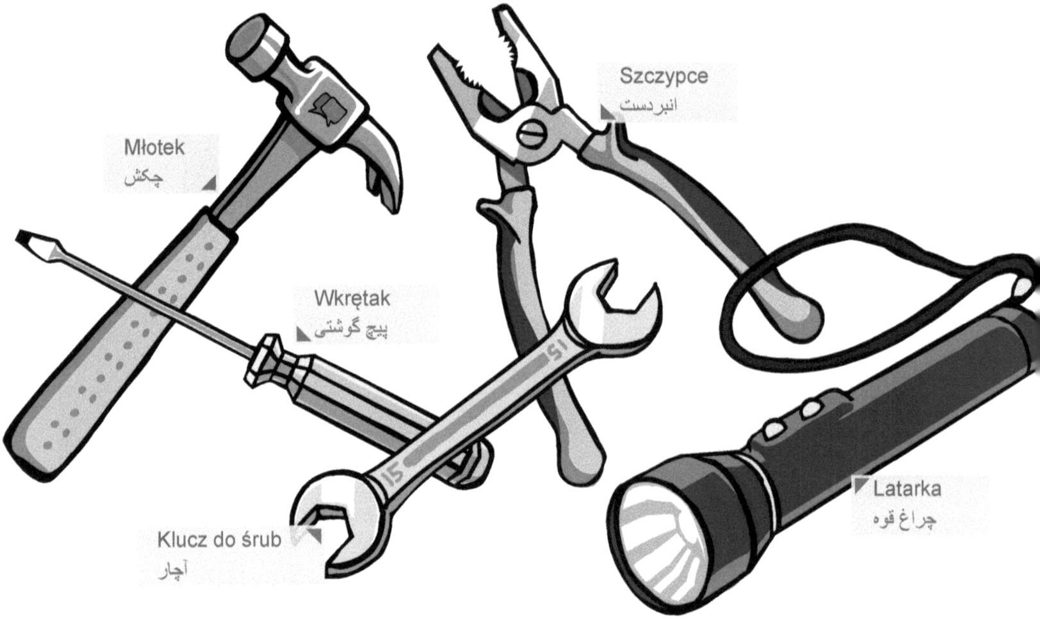

Szczypce
انبردست
Młotek
چکش
Wkrętak
پیچ گوشتی
Latarka
چراغ قوه
Klucz do śrub
آچار

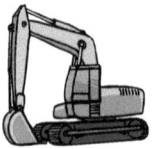

Koparka

بیل مکانیکی

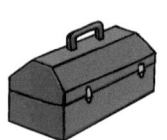

Skrzynka narzędziowa

جعبه ابزار

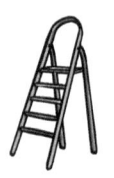

Drabina

نردبان

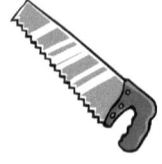

Piła

ارّه

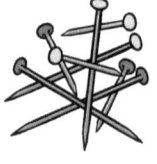

Gwoździe

میخ

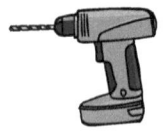

Wiertło

مته

naprawić

تعمیر کردن

Łopatka

بیل

Cholera!

لعنتی!

Szufelka

خاک انداز

Puszka z farbą

سطل رنگرزی

Śruby

پیچ

Instrumenty muzyczne

آلات موسیقی

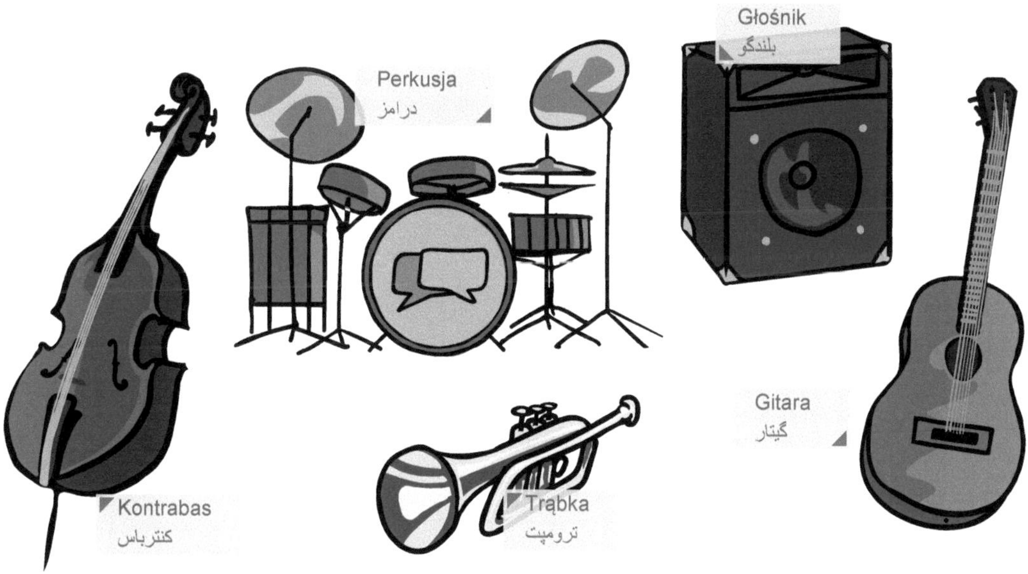

Głośnik
بلندگو

Perkusja
درامز

Kontrabas
کنترباس

Trąbka
ترومپت

Gitara
گیتار

Pianino

پیانو

Skrzypce

ویولن

Bas

گیتار بیس

Kotły

تیمپانی

Bęben

طبل

Keyboard

کیبورد الکتریک

Saksofon

ساکسیفون

Flet

فلوت

Mikrofon

میکروفون

Zoo
باغ وحش

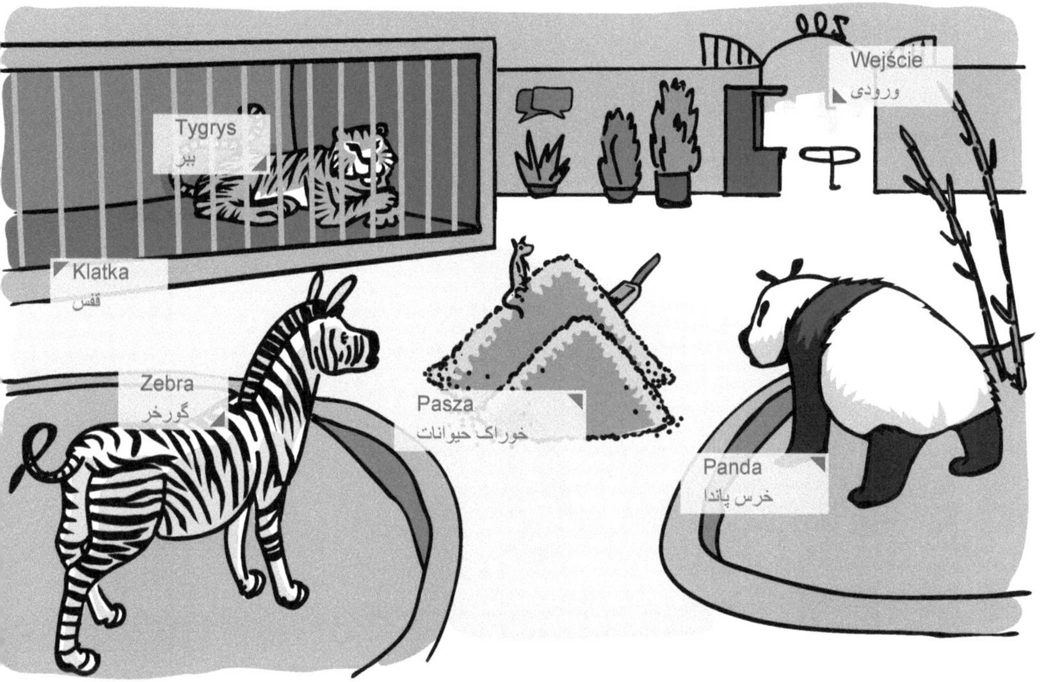
Tygrys
ببر
Wejście
ورودی
Klatka
قفس
Zebra
گورخر
Pasza
خوراک حیوانات
Panda
خرس پاندا

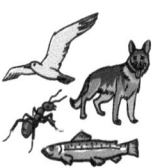

Zwierzęta

حیوانات

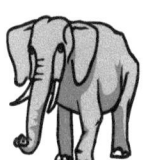

Słoń

فیل

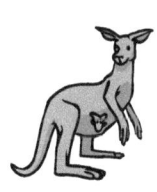

Kangur

کانگورو

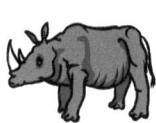

Nosorożec

کرگدن

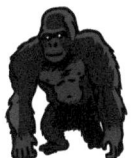

Goryl

گوریل

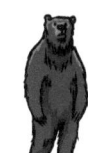

Niedźwiedź

خرس

Wielbłąd

شتر

Struś

شترمرغ

Lew

شیر

Małpa

میمون

Fleming

فلامینگو

Papuga

طوطی

Niedźwiedź polarny

خرس قطبی

Pingwin

پنگوئن

Rekin

کوسه

Paw

طاووس

Wąż

مار

Krokodyl

تمساح

Dozorca w zoo

نگهبان باغ وحش

Foka

خوک آبی

Jaguar

پلنگ امریکایی

Kucyk

اسب کوچک

Gepard

پلنگ

Hipopotam

اسب آبی

Żyrafa

زرافه

Orzeł

عقاب

Dzik

گراز

Ryba

ماهی

Żółw

لاک پشت

Mors

شیرماهی

Lis

روباه

Gazela

غزال

Futbol amerykański
فوتبال آمریکایی

Kolarstwo
دوچرخه سواری

Tenis
تنیس

Koszykówka
بسکتبال

Pływanie
شنا

Boks
بوکس

Hokej na lodzie
هاکی روی یخ

Piłka nożna
فوتبال

Badminton
بدمینتون

Lekka atletyka
دوومیدانی

Piłka ręczna
هندبال

Narciarstwo
اسکی

Polo
پولو

skakać
پریدن

śmiać się
خندیدن

objąć
بغل کردن

iść
راه رفتن

śpiewać
آواز خواندن

marzyć
رؤیا دیدن

modlić się
دعا کردن

całować
بوسیدن

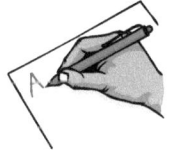

pisać

نوشتن

rysować

رسم کردن

pokazywać

نشان دادن

nacisnąć

هل دادن

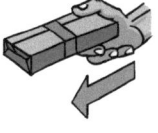

dać

دادن

wziąć

برداشتن

mieć

داشتن

robić

انجام دادن

być

بودن

stać

ایستادن

biegać

دویدن

ciągnąć

کشیدن

rzucać

پرتاب کردن

spaść

افتادن

leżeć

دراز کشیدن

czekać

منتظر بودن

nosić

حمل کردن

siedzieć

نشستن

zakładać

لباس پوشیدن

spać

خوابیدن

budzić się

بیدار شدن

spojrzeć

تماشا کردن

płakać

گریه کردن

głaskać

نوازش کردن

czesać się

شانه کردن

mówić

حرف زدن

rozumieć

فهمیدن

pytać

پرسیدن

słyszeć

شنیدن

pić

آشامیدن

jeść

خوردن

sprzątać

مرتب کردن

kochać

عاشق بودن

gotować

پختن

jechać

رانندگی کردن

latać

پرواز کردن

żeglować

قایقرانی کردن

liczyć

محاسبه کردن

czytać

خواندن

uczyć się

یاد گرفتن

pracować

کار کردن

wejść w związek małżeński

ازدواج کردن

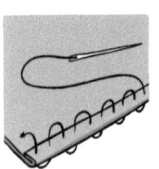

szyć

دوختن

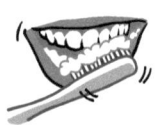

myć zęby

مسواک زدن

zabić

کشتن

palić tytoń

سیگار کشیدن

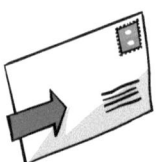

wysłać

فرستادن

Rodzina
خانواده

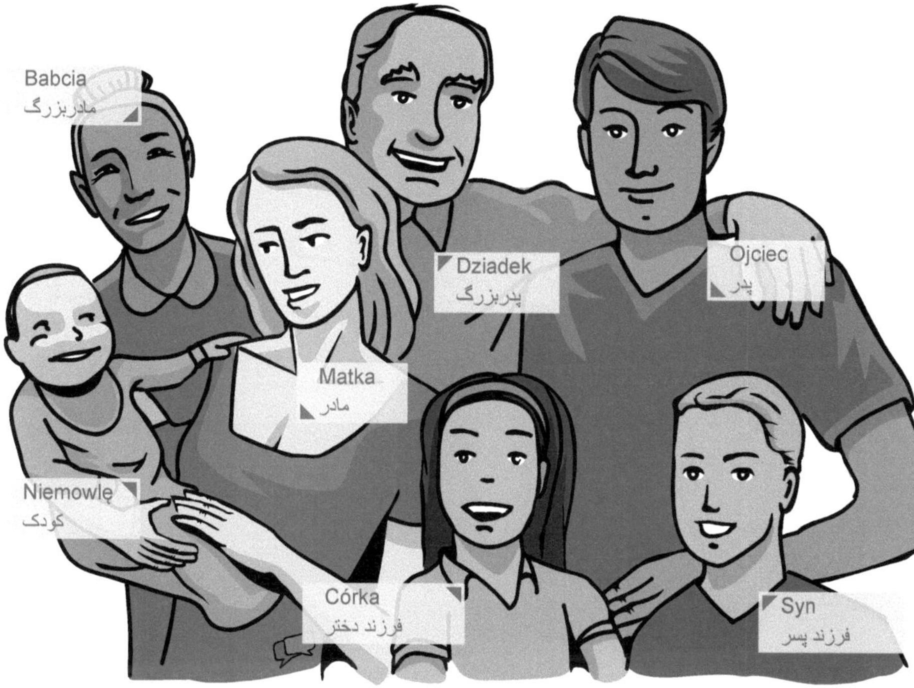

Babcia
مادربزرگ
Dziadek
پدربزرگ
Ojciec
پدر
Matka
مادر
Niemowlę
کودک
Córka
فرزند دختر
Syn
فرزند پسر

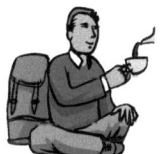

Gość
مهمان

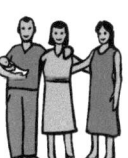

Ciotka
خاله، عمه

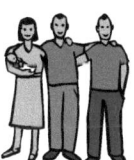

Wujek
دایی، عمو

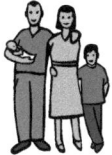

Brat
برادر

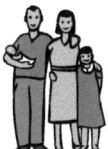

Siostra
خواهر

Ciało

بدن

Czoło
پیشانی
Oko
چشم
Twarz
صورت
Broda
چانه
Pierś
سینه
Palec
انگشت دست
Ręka
دست
Ramię
بازو
Ramię
شانه
Noga
ساق پا

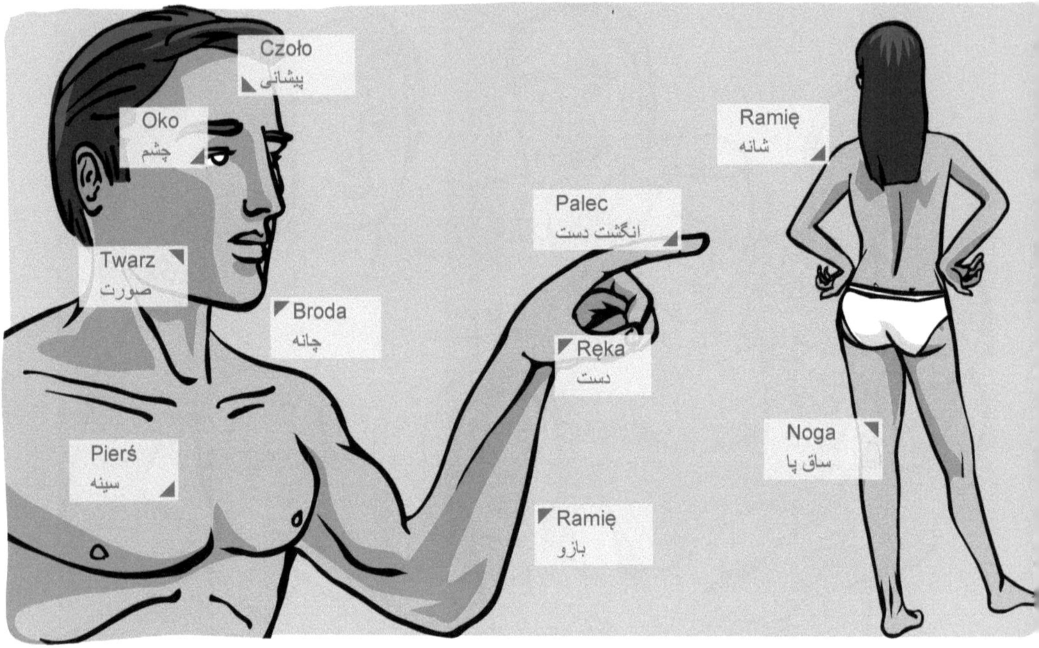

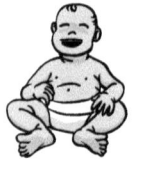

Niemowlę

کودک

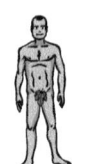

Mężczyzna

مرد

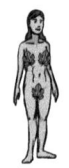

Kobieta

زن

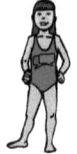

Dziewczyna

دختربچه

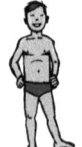

Chłopiec

پسربچه

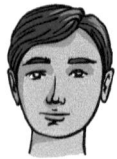

Głowa

کله

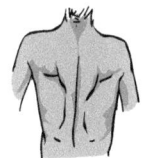

Plecy

کمر

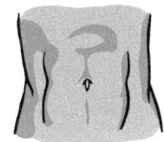

Brzuch

شکم

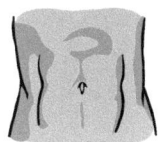

Pępek

ناف

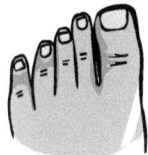

palec nogi

انگشت پا

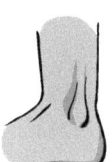

Pięta

پاشنه

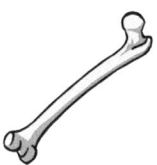

Kość

استخوان

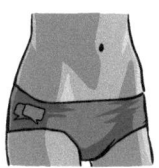

Biodro

لگن

Kolano

زانو

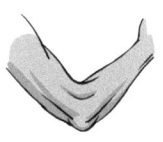

Łokieć

آرنج

Nos

بینی

Pośladki

نشیمنگاه

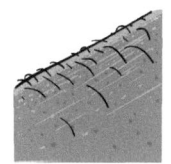

Skóra

پوست

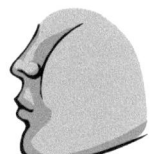

Policzek

گونه

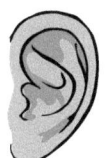

Uszy

گوش

Warga

لب

Usta

دهان

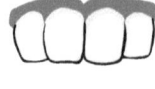

Ząb

دندان

Język

زبان

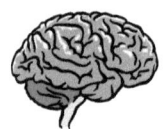

Mózg

مغز

Serce

قلب

Mięsień

عضله

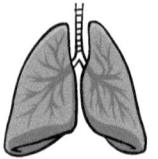

Płuca

ریه

Wątroba

کبد

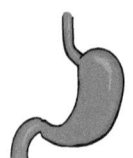

Żołądek

معده

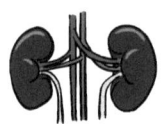

Nerki

کلیه

Stosunek płciowy

آمیزش جنسی

Kondom

کاندوم

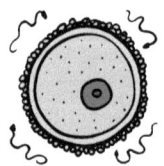

Komórka jajowa

تخمک

Sperma

اسپرم

Ciąża

حاملگی

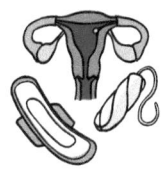

Menstruacja

پریود

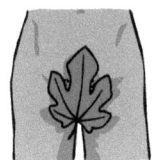

Wagina

واژن

Penis

آلت تناسلی مرد

Brew

ابرو

Włosy

مو

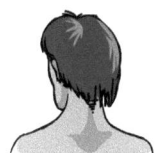

Szyja

گردن

Szpital
بیمارستان

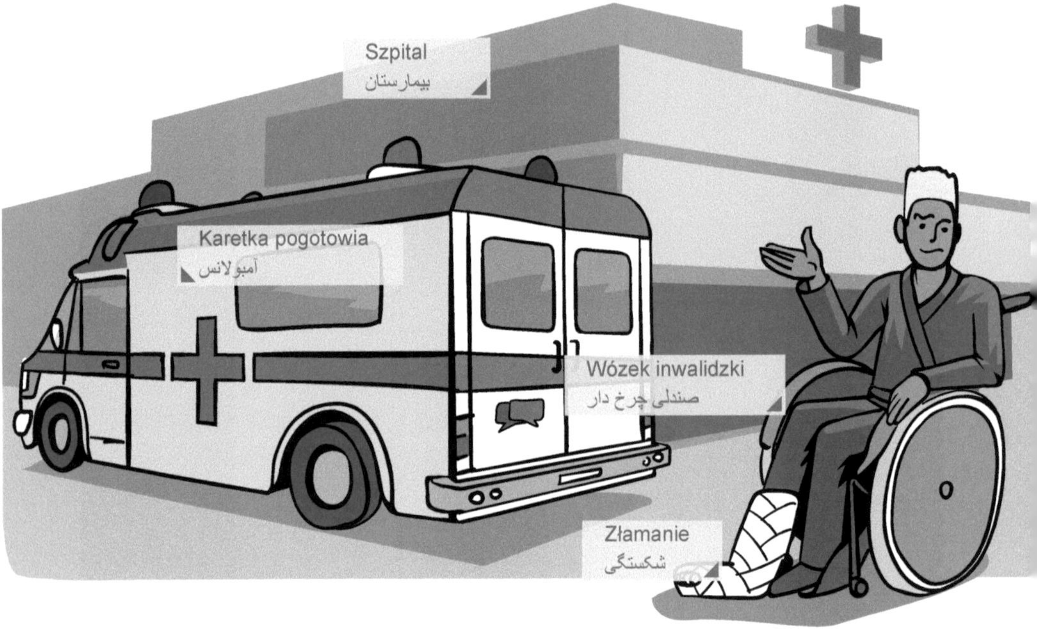

Szpital
بیمارستان
Karetka pogotowia
آمبولانس
Wózek inwalidzki
صندلی چرخ دار
Złamanie
شکستگی

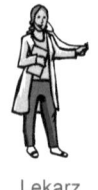

Lekarz

دکتر

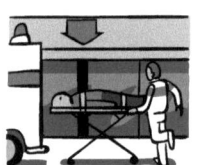

Izba przyjęć

بخش اورژانس

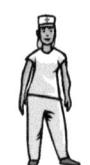

Pielęgniarka

پرستار

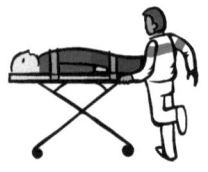

Nagły przypadek

موقعیت اضطراری

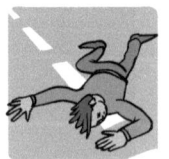

nieprzytomny

بی هوش

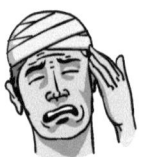

Ból

درد

Skaleczenie

مصدومیت

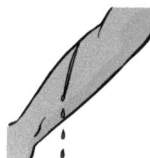

Krwawienie

خونریزی

Zawał serca

سکته قلبی

Udar mózgu

سکته مغزی

Alergia

آلرژی

Kaszleć

سرفه

Gorączka

تب

Grypa

آنفولانزا

Biegunka

اسهال

Ból głowy

سردرد

Rak

سرطان

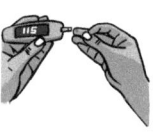

Cukrzyca

دیابت

Chirurg

جراح

Skalpel

چاقوی جراحی

Operacja

عمل جراحی

CT

سی تی اسکن

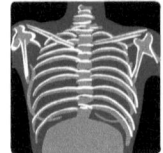

Rentgen

پرتونگاری

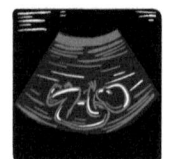

Ultradźwięki

سونوگرافی

Maska

ماسک صورت

Choroba

بیماری

Poczekalnia

اتاق انتظار

Kula

چوب زیر بغل

Plaster

چسب زخم

Opatrunek

پانسمان

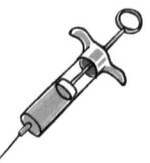

Iniekcja

تزریق

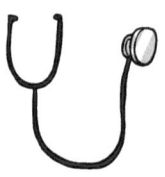

Stetoskop

گوشی طبی

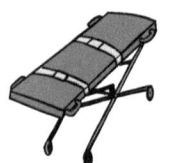

Nosze

برانکار

Termometr

دماسنج

Poród

زایش

Nadwaga

اضافه وزن

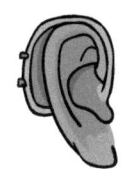

Aparat słuchowy

سمعک

Środek dezynfekcyjny

ماده ضد غفونی کننده

Infekcja

عفونت

Wirus

ویروس

HIV / AIDS

اچ آی وی / ایدز

Medycyna

دارو

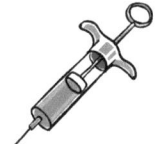

Szczepienie

واکسیناسیون

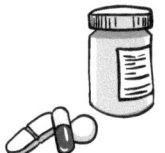

Tabletki

قرص

Pigułka

قرص ضد حاملگی

Telefon ratunkowy

تماس اظطراری

Ciśnieniomierz krwi

دستگاه اندازه گیری فشارخون

chory / zdrowy

مریض / سالم

Pomocy!

کمک!

Alarm

آژیر خطر

Napad

حمله

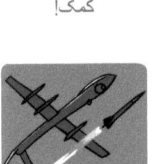

Atak

حمله ی فیزیکی

Niebezpieczeństwo

خطر

Wyjście awaryjne

خروج اضطراری

Pożar!

آتش

Gaśnica

کپسول آتش‌نشانی

Wypadek

تصادف

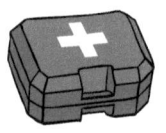

Walizeczka pierwszej pomocy

جعبه کمک های اولیه

SOS

درخواست کمک

Policja

پلیس

Europa

اروپا

Ameryka Północna

آمریکای شمالی

Ameryka Południowa

آمریکای جنوبی

Afryka

أفريقا

Azja

آسیا

Australia

استرالیا

Atlantyk

اقیا نوس اطلس

Pacyfik

اقیانوس آرام

Ocean Indyjski

اقیانوس هند

Ocean Antarktyczny

اقیا نوس اطلس جنوبی

Ocean Arktyczny

اقیانوس منجمد شمالی

Biegun północny

قطب شمال

Biegun południowy

قطب جنوب

Antarktyda

قاره قطب جنوب

Ziemia

کره زمین

Kraj

سرزمین

Morze

دریا

Wyspa

جزیره

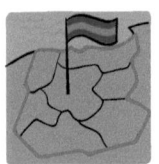

Naród

ملت

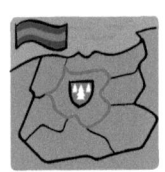

Państwo

کشور

Cyferblat

صفحه ی ساعت

Wskazówka godzinowa

ساعت شمار

Wskazówka minutowa

دقیقه شمار

Wskazówka sekundowa

ثانیه شمار

Która godzina?

ساعت چند است؟

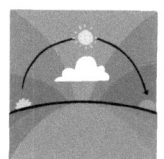

Dzień

روز

Czas

زمان

teraz

اکنون

Zegarek digitalny

ساعت دیجیتال

Minuta

دقیقه

Godzina

ساعت

Tydzień

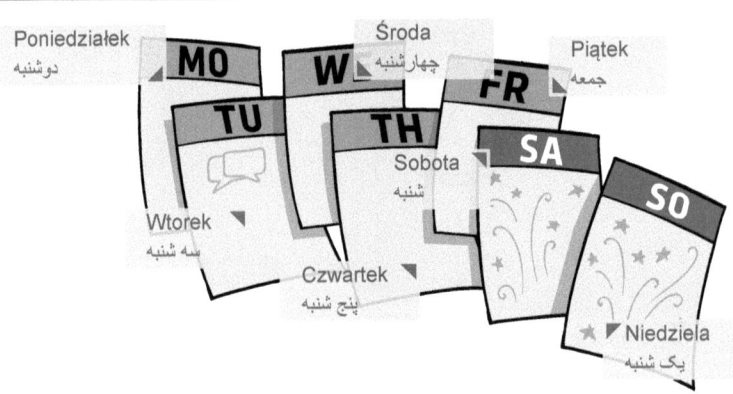

Poniedziałek
دوشنبه

Środa
چهارشنبه

Piątek
جمعه

Wtorek
سه شنبه

Czwartek
پنج شنبه

Sobota
شنبه

Niedziela
یک شنبه

wczoraj

دیروز

dzisiaj

امروز

jutro

فردا

Rano

صبح

Południe

ظهر

Wieczór

غروب

MO	TU	WE	TH	FR	SA	SU
1	2	3	4	5	6	7
8	9	10	11	12	13	14
15	16	17	18	19	20	21
22	23	24	25	26	27	28
29	30	31	1	2	3	4

Dni robocze

روزهای کاری

MO	TU	WE	TH	FR	SA	SU
1	2	3	4	5	6	7
8	9	10	11	12	13	14
15	16	17	18	19	20	21
22	23	24	25	26	27	28
29	30	31	1	2	3	4

Weekend

آخر هفته

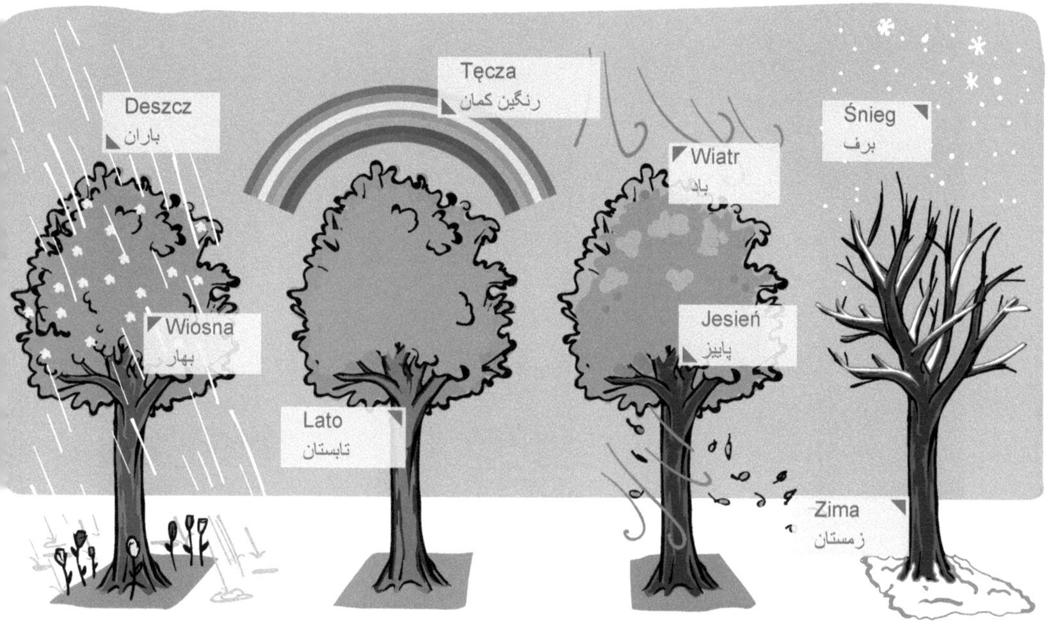

Deszcz
باران
Tęcza
رنگین کمان
Wiatr
باد
Śnieg
برف
Wiosna
بهار
Lato
تابستان
Jesień
پاییز
Zima
زمستان

4.APRIL 11°
5.APRIL 4°
6.APRIL 13°
7.APRIL 8°
8.APRIL 10°

Prognoza pogody
پیش‌بینی اوضاع جوی

F C
120 40
90 30
60 20
30 10
0 0
-30 -10
-20

Termometr
دماسنج

Światło słoneczne
تابش آفتاب

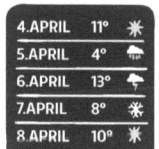

Chmura
ابر

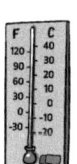

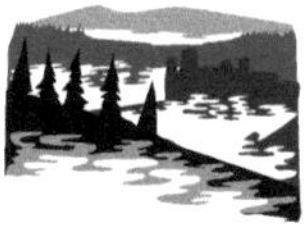

Mgła
مه

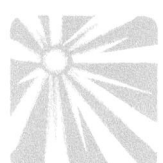

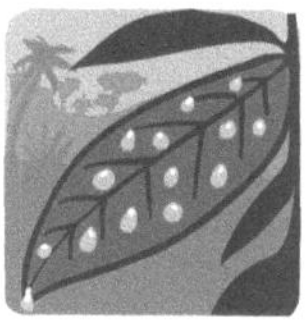

Wilgotność powietrza
رطوبت هوا

Błyskawica

صاعقه

Grzmot

آسمان غره

Sztorm

طوفان

Grad

تگرگ

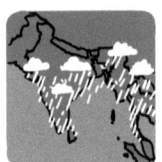

Monsun

باد موسمی

Potop

سیل

Lód

یخ

Styczeń

ژانویه

Luty

فوریه

Marzec

مارس

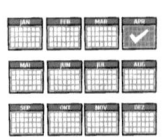

Kwiecień

آوریل

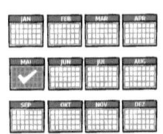

Maj

مه

Czerwiec

ژوئن

Lipiec

ژوئیه

Sierpień

آگوست

Wrzesień
....
سپتامبر

Październik
....
اكتبر

Listopad
....
نوامبر

Grudzień
....
دسامبر

Kształty

أشكال

Koło
....
دايره

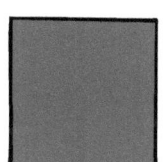

Kwadrat
....
مربع

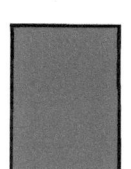

Prostokąt
....
مستطيل

Trójkąt
....
سه گوش

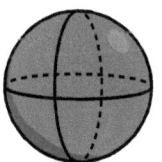

Kula
....
گره

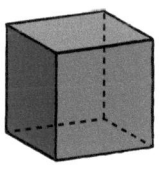

Sześcian
....
مكعب مربع

biały

سفید

żółty

زرد

pomarańczowy

نارنجی

różowy

صورتی

czerwony

قرمز

liliowy

بنفش

niebieski

آبی

zielony

سبز

brązowy

قهوه ای

szary

خاکستری

czarny

سیاه

dużo / mało

خیلی / کم

wściekły / spokojny

خشمگین/ آرام

piękny / brzydki

زیبا / زشت

początek / koniec

شروع / پایان

duży / mały

بزرگ / کوچک

jasny / ciemny

روشن / تیره

brat / siostra

برادر / خواهر

czysty / brudny

تمیز / آلوده

kompletny / niekompletny

کامل / ناقص

dzień / noc

روز / شب

umarły / żywy

مرده / زنده

szeroki / wąski

پهن / باریک

jadalny / niejadalny

قابل خوردن / غیر قابل خوردن

zły / uprzejmy

غضبناک / مهربان

podniecony / znudzony

هیجان زده / بی حوصله

gruby / chudy

چاق / لاغر

najpierw / na końcu

اولین / آخرین

przyjaciel / wróg

دوست / دشمن

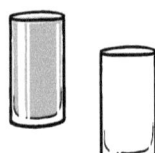

pełen / pusty

پر / خالی

twardy / miękki

سفت / نرم

ciężki / lekki

سنگین / سبک

głód / pragnienie

گرسنگی / تشنگی

chory / zdrowy

مریض / سالم

nielegalny / legalny

غیرقانونی / قانونی

inteligentny / głupi

باهوش / خنگ

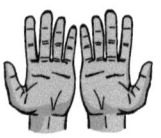

lewo / prawo

چپ / راست

bliski / daleki

نزدیک / دور

nowy / używany

نو / استفاده شده

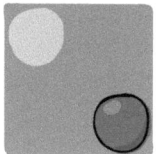

nic / coś

هیچ چیز / چیزی

stary / młody

پیر / جوان

włącz / wyłącz

روشن / خاموش

otwarty / zamknięty

باز / بسته

cichy / głośny

آهسته / بلند

bogaty / biedny

ثروتمند / فقیر

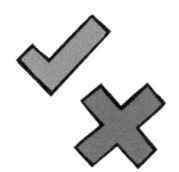

prawidłowy / błędny

درست / غلط

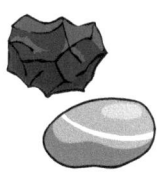

chropowaty / gładki

زبر / صاف

smutny / szczęśliwy

غمگین / خوشحال

krótki / długi

کوتاه / بلند

powolny / szybki

کند / تند

mokry/suchy

تر / خشک

ciepły / chłodny

گرم / خنک

wojna / pokój

جنگ / صلح

0

zero

صفر

1

jeden

یک

2

dwa

دو

3

trzy

سه

4

cztery

چهار

5

pięć

پنج

6

sześć

شش

7

siedem

هفت

8

osiem

هشت

9

dziewięć

نه

10

dziesięć

دَه

11

jedenaście

یازده

12

dwanaście

دوازده

13

trzynaście

سیزده

14

czternaście

چهارده

15

piętnaście

پانزده

16

szesnaście

شانزده

17

siedemnaście

هفده

18

osiemnaście

هجده

19

dziewiętnaście

نوزده

20

dwadzieścia

بیست

100

sto

صد

1.000

tysiąc

هزار

1.000.000

milion

میلیون

Angielski

انگلیسی

Angielski amerykański

انگلیسی آمریکایی

Chiński mandaryński

چینی ماندارین

Hindi

هندی

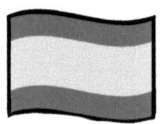

Hiszpański

اسپانیایی

Francuski

فرانسوی

Arabski

عربی

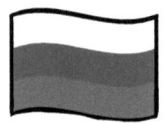

Rosyjski

روسی

Portugalski

پرتغالی

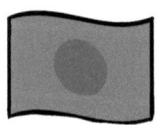

Bengalski

بنگالی

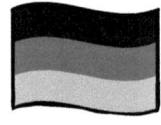

Niemiecki

آلمانی

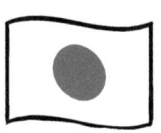

Japoński

ژاپنی

ja

من

ty

تو

on / ona / ono

او

my

ما

wy

شما

oni

آنها

kto?

چه کسی؟ کی؟

co?

چی؟

jak?

چگونه؟

gdzie?

کجا؟

kiedy?

کی؟

Nazwisko

نام

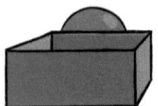

za

پشت

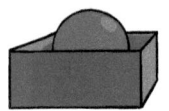

w

توی

przed

جلو

powyżej

بالای

na

روی

pod

زیر

obok

مجاور

między

بین

Miejsce

مکان